Impressum
Verlag: BABADADA GmbH, Nedderfeld 112 , 22529 Hamburg
Geschäftsführer / Verlagsleitung: Harald Hof
Druck: Books on Demand GmbH, In de Tarpen 42, 22848 Norderstedt

Imprint
Publisher: BABADADA GmbH, Nedderfeld 112 , 22529 Hamburg, Germany
Managing Director / Publishing direction: Harald Hof
Print: Books on Demand GmbH, In de Tarpen 42, 22848 Norderstedt, Germany

المدرسة

xue xiao

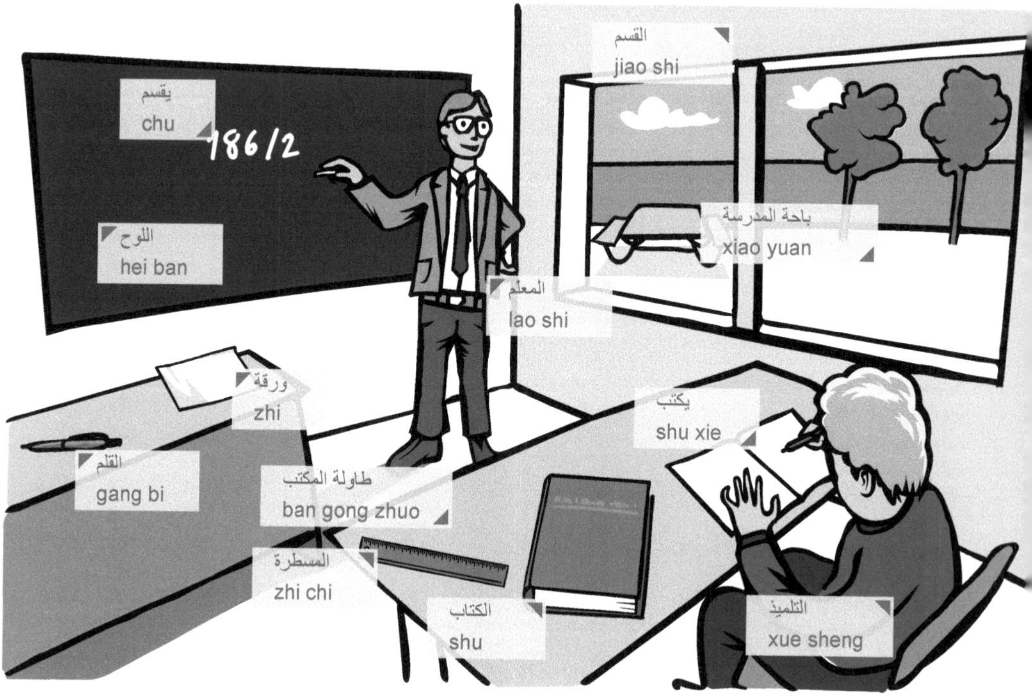
يقسم
chu
186/2
القسم
jiao shi
اللوح
hei ban
باحة المدرسة
xiao yuan
المعلم
lao shi
ورقة
zhi
يكتب
shu xie
القلم
gang bi
طاولة المكتب
ban gong zhuo
المسطرة
zhi chi
الكتاب
shu
التلميذ
xue sheng

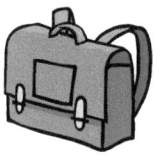

الحقيبة المدرسية
....
shu bao

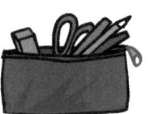

المقلمة
....
qian bi he

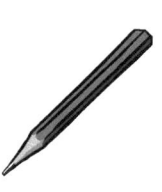

قلم الرصاص
....
qian bi

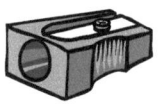

البرّاية
....
juan bi dao

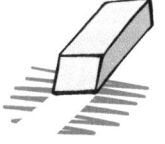

المِمحاة
....
xiang pi ca

دفتر الرسم
....
hua ban

الرسمة

tu hua

الفرشاة

hua bi

علبة التلوين

yan liao he

المقص

jian dao

المادة اللاصقة

jiao shui

دفتر التمارين

lian xi ce

الواجب المدرسي

jia ting zuo ye

12

الرقم

shu zi

2+2

يجمع

jia

5-2

يطرح

jian

2×2

يضرب

cheng

يحسب

ji suan

A

الحرف

zi mu

ABCDEFG HIJKLMN OPQRSTU VWXYZ

الأبجدية

zi mu biao

hello

كلمة

zi

النص
ke wen

يقرأ
du

الطبشور
fen bi

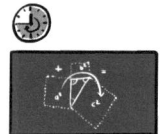

الحصة
shang ke

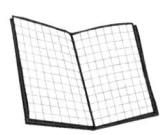

دفتر الدوام المدرسي
deng ji

الامتحان
kao shi

شهادة
zheng shu

اللباس المدرسي
xiao fu

التعليم
jiao yu

الموسوعة
bai ke quan shu

الجامعة
da xue

المجهر
xian wei jing

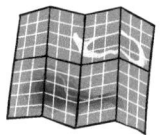

الخريطة
di tu

قماما
fei zhi kuang

سفر
lü xing

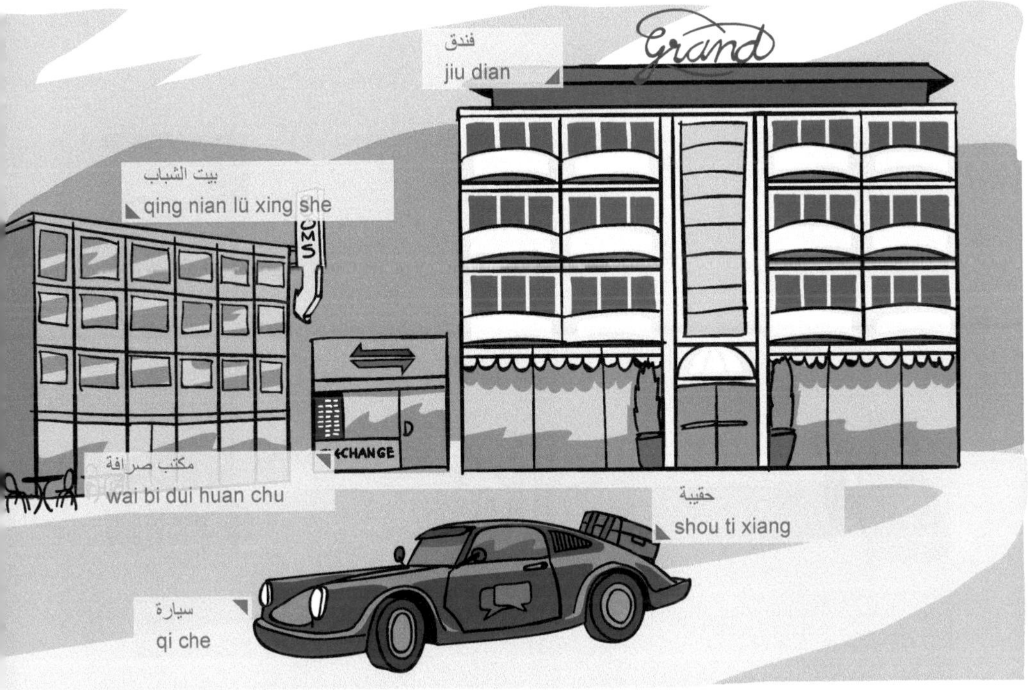

فندق
jiu dian
Grand
بيت الشباب
qing nian lü xing she
مكتب صرافة
wai bi dui huan chu
حقيبة
shou ti xiang
سيارة
qi che

اللغة
yu yan

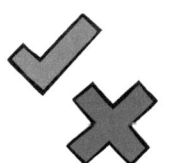

نعم / لا
shi/fou

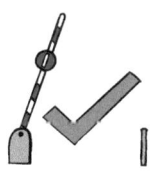

حسناً
hao de

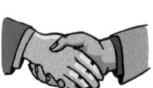

مرحباً
nin hao

مترجم
fan yi yuan

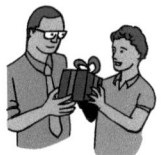

شكراً
xie xie

كم ثمن ... ؟
......duo shao qian?

لا أفهم
wo bu ming bai

مشكلة
wen ti

مساء الخير
wan shang hao!

صباح الخير!
zao shang hao!

ليلة سعيدة
wan an!

إلى اللقاء
zai jian

اتجاه
fang xiang

أمتعة السفر
xing li

حقيبة
bao

حقيبة ظهر
shuang jian bao

ضيف
ke ren

غرفة
fang jian

كيس للنوم
shui dai

خيمة
zhang peng

سفر - lü xing

استعلامات سياحية

lü you xin xi

شاطئ

hai tan

بطاقة انتمان

xin yong ka

إفطار

zao can

طعام الغداء

wu can

العشاء

wan can

بطاقة سفر

piao

مصعد

dian ti

طابع بريدي

you piao

حدود

bian jie

الجمارك

hai guan

سفارة

da shi guan

تأشيرة

qian zheng

جواز سفر

hu zhao

نقل

jiao tong yun shu

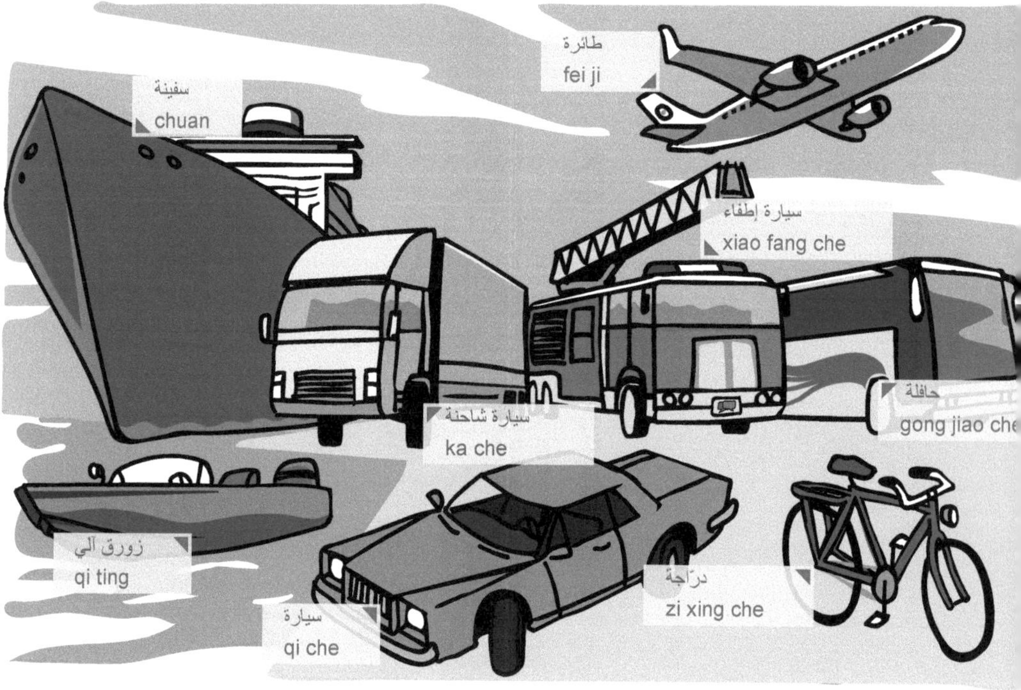

طائرة
fei ji
سفينة
chuan
سيارة إطفاء
xiao fang che
حافلة
gong jiao che
سيارة شاحنة
ka che
زورق آلي
qi ting
درّاجة
zi xing che
سيارة
qi che

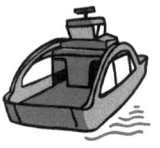

عبارة

bai du chuan

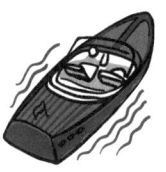

قارب

xiao chuan

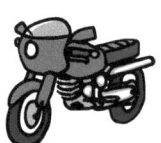

دراجة نارية

mo tuo che

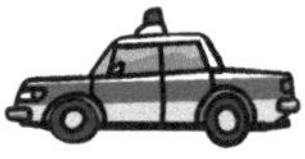

سيارة شرطة

jing che

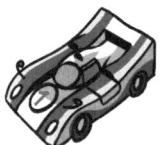

سيارة سباق

sai che

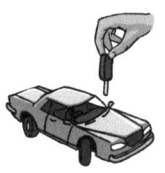

سيارة مستأجرة

zu che

أسلوب تشاركي في استئجار السيارات

pin che

سيارة للجر

tuo che

سيارة نقل القمامة

la ji che

محرك

fa dong ji

وقود

qi you

محطة وقود

jia you zhan

إشارة مرور

jiao tong biao zhi

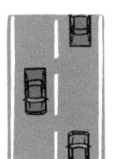

حركة السير

jiao tong

ازدحام سير

jiao tong du sai

موقف سيارات

ting che chang

محطة قطار

huo che zhan

سكك حديدية

gui dao

قطار

huo che

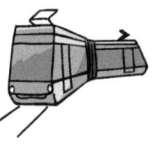

ترام

dian che

عربة قطار

huo che

طائرة مروحية

zhi sheng ji

مطار

ji chang

برج

ta

مسافر

cheng ke

حاوية

ji zhuang xiang

علبة كرتون

zhi ban xiang

عربة يد

shou tui che

سلّة

lan zi

يقلع / يهبط

qi fei/jiang luo

مدينة

cheng shi

قرية

cun zhuang

مركز المدينة

shi zhong xin

بيت

fang zi

سينما
dian ying yuan

دعاية
guang gao

مصباح الشارع
lu deng

CINEMA

شارع
jie dao

تاكسي
chu zu che

كشك
xiao chi dian

مشاة
xing ren

رصيف
ren xing dao

تقاطع
shi zi lu kou

معبر المشاة
ban ma xian

حاوية قمامة
la ji xiang

إشارة ضوئية
hong lü deng

كوخ
....
xiao wu

شقة
....
gong yu

محطة قطار
....
huo che zhan

دار البلدية
....
shi zheng ting

متحف
....
bo wu guan

المدرسة
....
xue xiao

الجامعة

da xue

مصرف

yin hang

المستشفى

yi yuan

فندق

jiu dian

صيدلية

yao fang

مكتب

ban gong shi

مكتبة

shu dian

متجر

shang dian

محل لبيع الزهور

hua dian

سوبرماركت

chao shi

سوق

shi chang

متجر كبير

bai huo shang dian

تاجر السمك

yu dian

مركز تسوّق

gou wu zhong xin

ميناء

hai gang

حديقة عامة
....
gong yuan

مقعد
....
chang deng

جسر
....
qiao

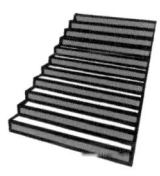

درج، سلم
....
lou ti

مترو
....
di tie

نفق
....
sui dao

موقف حافلات
....
gong jiao che zhan

بار
....
jiu ba

مطعم
....
can guan

صندوق البريد
....
you tong

لافتة باسم الشارع
....
lu biao

مقياس زمن الوقوف
....
ting che ji shi qi

حديقة حيوانات
....
dong wu yuan

مسبح
....
you yong guan

مسجد
....
qing zhen si

مزرعة

nong chang

تلوث البيئة

wu ran

مقبرة

mu di

كنيسة

jiao tang

ملعب الأطفال

cao chang

معبد

si miao

طبيعة ريفية

di xing

ورقة
shu ye

علامة إرشاد
zhi shi pai

طريق
lu

مرج
cao di

حجر
shi tou

رحالة
tu bu lü xing zhe

شجرة
shu

نهر
he

عشب
cao

زهرة
hua

وادٍ

xia gu

جبل

shan

بحيرة

hu

غابة

sen lin

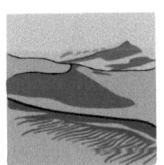

صحراء

sha mo

بركان

huo shan

قلعة

cheng bao

قوس قزح

cai hong

فطر

mo gu

نخلة

zong lü shu

بعوض

wen zi

ذبابة

cang ying

نملة

ma yi

نحلة

mi feng

عنكبوت

zhi zhu

خنفساء

jia chong

ضفدعة

qing wa

سنجاب

song shu

قنفذ

ci wei

أرنب

ye tu

بومة

mao tou ying

عصفور

niao

بجعة

tian e

خنزير برّي

ye zhu

غزال

lu

إلكة

mi lu

سد

shui ba

دولاب الطاحونة الهوائية

feng li fa dian ji

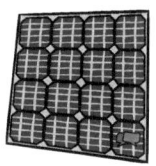

خلية شمسية

tai yang neng dian chi ban

مناخ

qi hou

مطعم

can guan

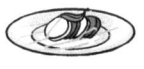

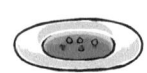

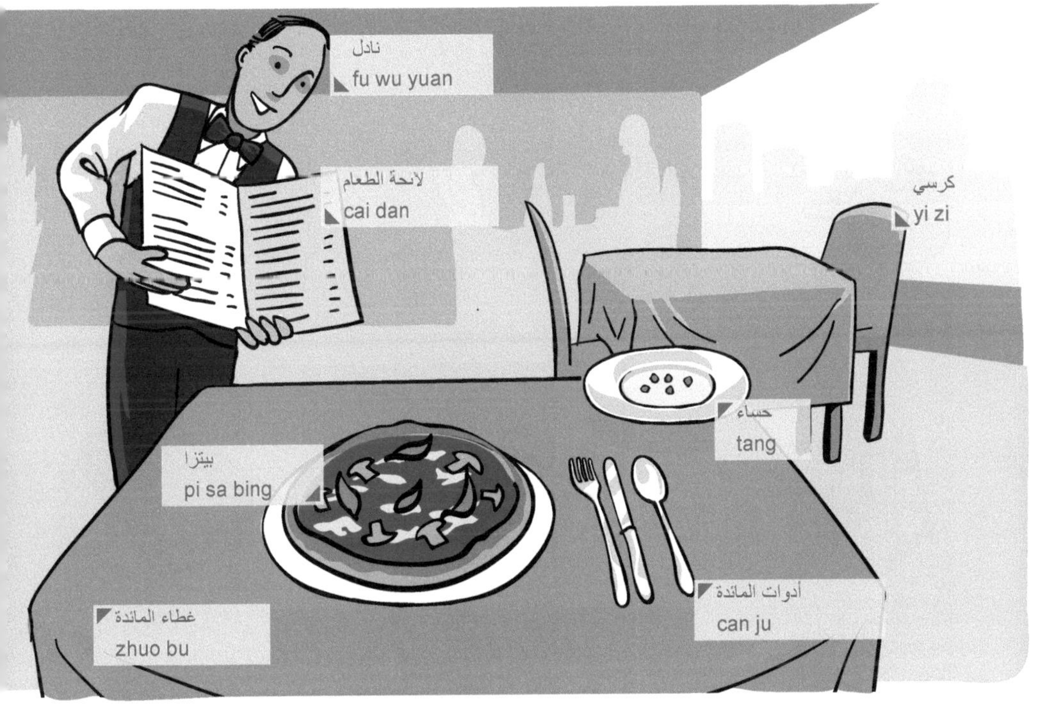

نادل
fu wu yuan
لائحة الطعام
cai dan
كرسي
yi zi
حساء
tang
بيتزا
pi sa bing
أدوات المائدة
can ju
غطاء المائدة
zhuo bu

مقبلات

....

qian cai

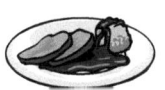

الصحن الرئيسي

....

zhu cai

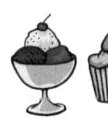

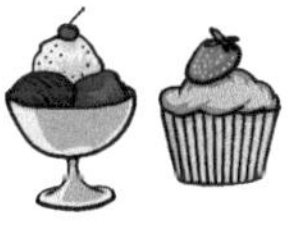

حلوى أو فاكهة بعد الطعام

....

tian dian

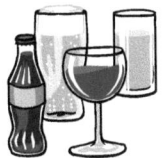

مشروبات

....

yin liao

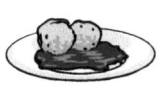

طعام

....

shi wu

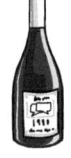

زجاجة

....

ping zi

وجبات سريعة

kuai can

طعام الشارع

jie bian xiao chi

إبريق الشاي

cha hu

علبة السكر

tang he

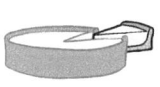

حصّة

yi fen fan cai

آلة الإسبريسو

yi shi ka fei ji

كرسي عالٍ

gao jiao yi

فاتورة

zhang dan

صينية

tuo pan

سكين

dao

شوكة

can cha

ملعقة

shao zi

ملعقة الشاي

cha chi

منديل المائدة

can jin

كأس

bo li bei

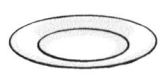

صحن

die zi

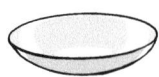

صحن الحساء

tang pan

صحن الفنجان

die zi

صلصة

jiang

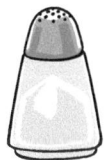

مملحة

yan ping

مطحنة الفلفل

hu jiao mo

خلّ

cu

زيت الطعام

shi yong you

توابل

tiao wei liao

كتشاب

fan qie jiang

خردل

jie mo

مايونيز

dan huang jiang

سوبرماركت

chao shi

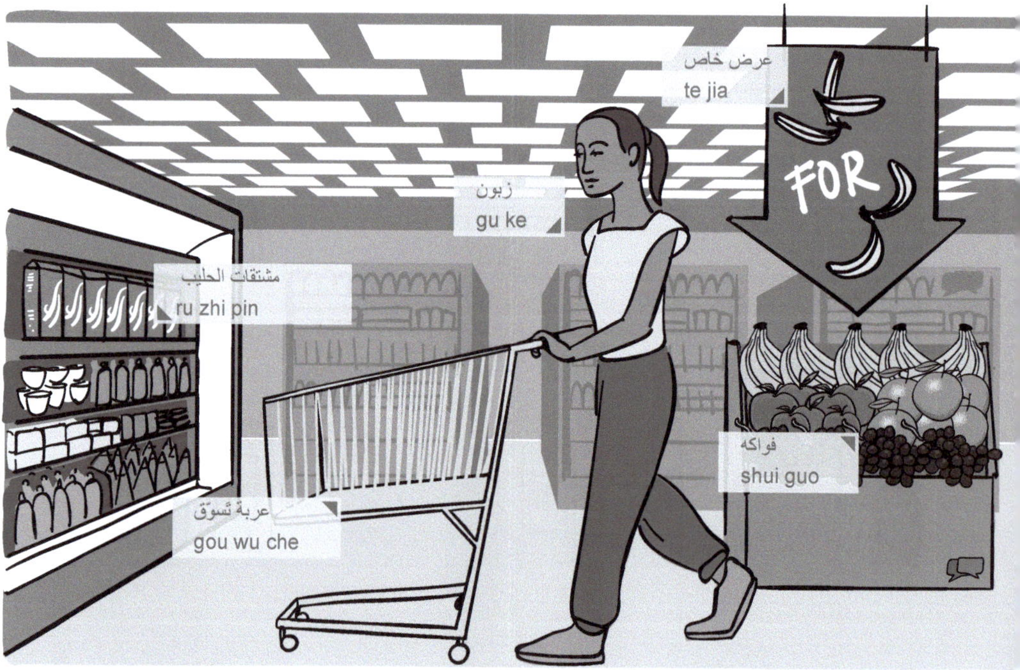

عرض خاص
te jia
FOR
زبون
gu ke
مشتقات الحليب
ru zhi pin
فواكه
shui guo
عربة تسوّق
gou wu che

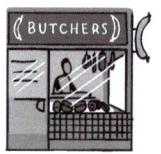

BUTCHERS

جزّار
....
rou pu

BAKERY

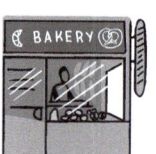

مخبز
....
mian bao fang

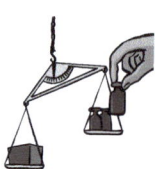

يزن
....
cheng zhong

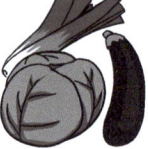

خضار
....
shu cai

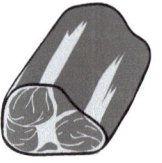

لحم
....
rou

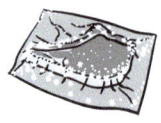

المأكولات المجمّدة
....
leng dong shi pin

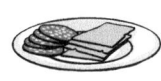

مرتدلا أو جبن

leng pan

معلّبات

guan tou shi pin

مسحوق الغسيل

xi yi fen

حلويات

tian shi

المواد المنزلية

ri yong pin

منظفات

qing jie yong pin

بائعة

xiao shou yuan

صندوق الحساب

shou yin ji

أمين صندوق

shou yin yuan

قائمة المشتريات

gou wu qing dan

أوقات العمل

kai fang shi jian

محفظة النقود

qian bao

بطاقة ائتمان

xin yong ka

حقيبة

dai zi

كيس بلاستيكي

su liao dai

ماء

shui

عصير

guo zhi

حليب

niu nai

كولا

ke le

نبيذ

hong jiu

بيرة

pi jiu

كحول

jiu

كاكاو

ke ke

شاي

cha

قهوة

ka fei

قهوة إسبريسو

yi shi nong suo ka fei

كابوتشينو

ka bu qi nuo

موزة
....
xiang jiao

تفاح
....
ping guo

برتقال
....
cheng zi

بطيخ
....
xi gua

ليمون
....
ning meng

جزرة
....
hu luo bo

ثوم
....
da suan

خيزران
....
zhu zi

بصل
....
yang cong

فِطر
....
mo gu

لوزيات
....
jian guo

شعيرية
....
mian tiao

سباغيتي

yi da li mian tiao

أرزّ

mi fan

سلطة

sha la

بطاطا مقلية

shu tiao

بطاطا مقلية

zha tu dou

بيتزا

pi sa bing

هامبورغر

han bao bao

ساندويش

san ming zhi

شريحة لحم مقلية

zha zhu pai

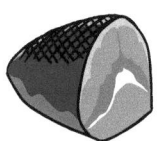

لحم خنزير

huo tui

سلامي

sa la mi

سجق

xiang chang

دجاج

ji rou

لحم محمر

kao rou

سمك

yu

دقيق الشوفان

yan mai pian

موسلي

mu zi li

كورن فلكس

yu mi pian

طحين

mian fen

كرواسان

yang jiao mian bao

خبز صغير

mian bao juan

خبز

mian bao

خبز محمص

kao mian bao

بسكويت

bing gan

زبدة

huang you

لبن زبادي

ning ru

كعكة

dan gao

بيضة

dan

بيض مقلي

jian dan

جبنة

nai lao

مثلجات

bing ji lin

سكر

tang

عسل

feng mi

مربّى الفاكهة

guo jiang

كريم النوغا

qiao ke li jiang

الكاري

ga li fan

مزرعة

nong chang

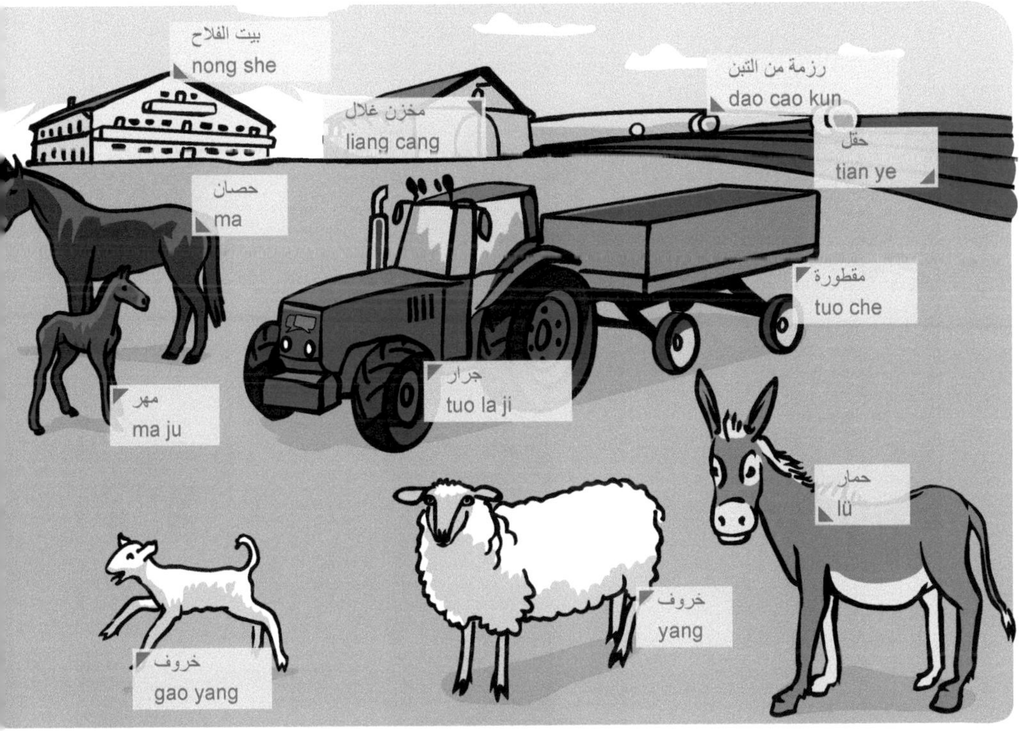

بيت الفلاح
nong she
مخزن غلال
liang cang
رزمة من التبن
dao cao kun
حقل
tian ye
حصان
ma
مقطورة
tuo che
جرار
tuo la ji
مهر
ma ju
حمار
lü
خروف
yang
خروف
gao yang

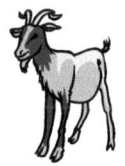

ماعز

shan yang

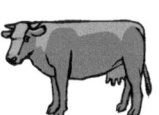

بقرة

nai niu

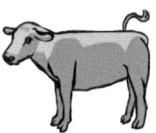

عجل

niu du

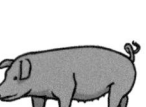

خنزير

zhu

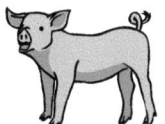

خنزير صغير

xiao zhu

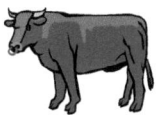

ثور

gong niu

إوزَّة

e

بطة

ya

صوص

xiao ji

دجاجة

mu ji

ديك

gong ji

جرذ

shu

قطة

mao

فأر

lao shu

ثور

niu

كلب

gou

كوخ الكلب

gou wu

خرطوم الحديقة

hua yuan jiao shui ruan guan

إبريق

sa shui hu

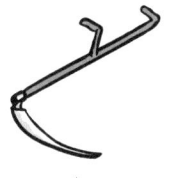

منجل

chang bing da lian dao

المحراث

li

منجل

lian dao

معزقة

chu tou

مذراة الزبل

chang bing cao pa

بلطة

fu tou

عربة يد

du lun shou tui che

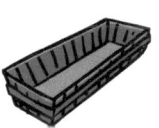

معلف

si liao cao

صفيحة الحليب

niu nai guan

كيس

ma bu dai

سياج

zha lan

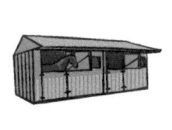

اصطبل

ma jiu

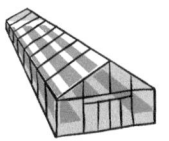

دفيئة

wen shi

تربة

tu rang

بذور

zhong zi

سماد

fei liao

حصّادة درّاسة

lian he shou ge ji

يحصد

shou ge

محصول

shou ge

بطاطا ياس

shan yao

قمح

xiao mai

صويا

da dou

بطاطا

tu dou

ذرة

yu mi

سلجم

you cai zi

شجرة فاكهة

guo shu

نبات منيهوت

shu shu

الحبوب

gu wu

بيت
fang zi

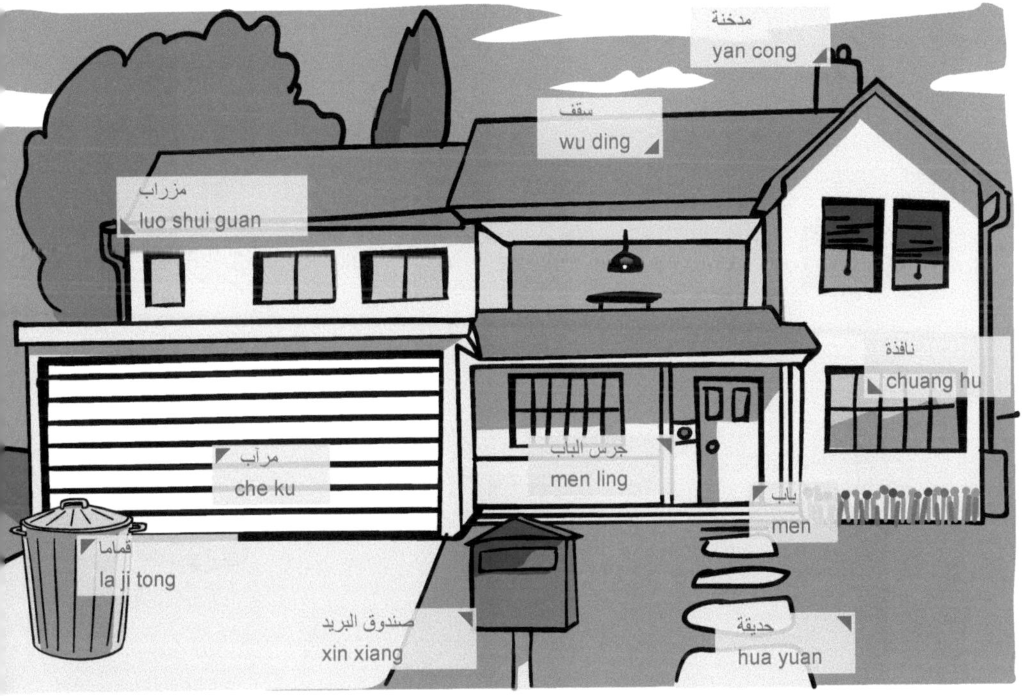

مدخنة
yan cong
سقف
wu ding
مزراب
luo shui guan
نافذة
chuang hu
جرس الباب
men ling
مرآب
che ku
باب
men
قماما
la ji tong
صندوق البريد
xin xiang
حديقة
hua yuan

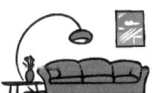

غرفة جلوس

ke ting

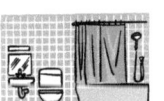

الحمّام

yu shi

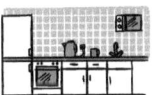

مطبخ

chu fang

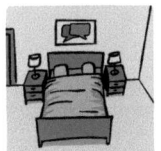

غرفة النوم

wo shi

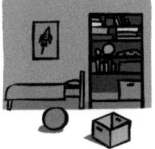

غرفة الأطفال

er tong fang

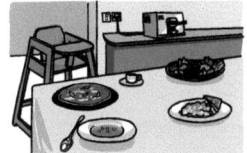

غرفة الطعام

can ting

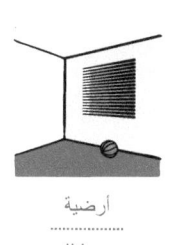

أرضية

di ban

حائط

qiang bi

سقف

diao ding

قبو

di jiao

ساونا

sang na

بلكون

yang tai

شرفة

lu tai

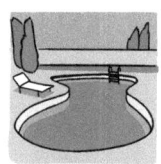

مسبح

you yong chi

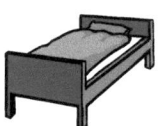

جزّازة العشب

ge cao ji

بياضات السرير

bei dan

بطانية

chuang zhao

سرير

chuang

مكنسة

sao zhou

سطل

shui tong

مفتاح كهرباني

kai guan

غرفة جلوس
ke ting

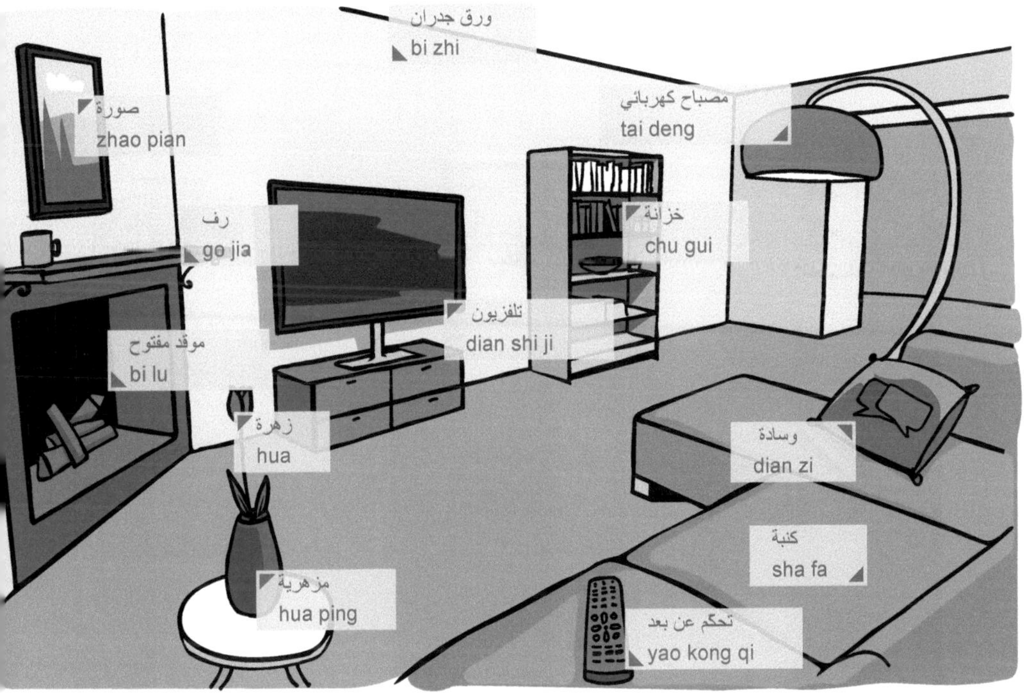
ورق جدران
bi zhi
صورة
zhao pian
مصباح كهربائي
tai deng
رف
go jia
خزانة
chu gui
تلفزيون
dian shi ji
موقد مفتوح
bi lu
زهرة
hua
وسادة
dian zi
كنبة
sha fa
مزهرية
hua ping
تحكم عن بعد
yao kong qi

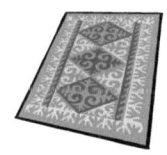

بصاط
di tan

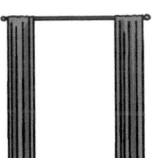

ستارة
chuang lian

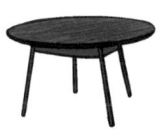

طاولة
can zhuo

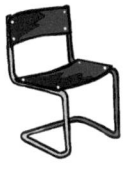

كرسي
yi zi

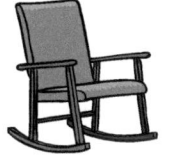

كرسي هزّاز
yao yi

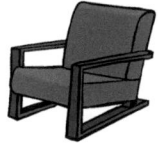

كرسي ذو ذراعين
fu shou yi

الكتاب

shu

بطانية

tan zi

زخرفة

zhuang shi pin

الحطب

mu chai

فيلم

dian ying

تجهيزات ستيريو

gao bao zhen yin xiang

مفتاح

yao shi

جريدة

bao zhi

لوحة مرسومة

you hua

مُلصق

hai bao

راديو

shou yin ji

دفتر ملاحظات

bi ji ben

المكنسة الكهربائية

xi chen qi

صبّار

xian ren zhang

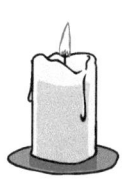

شمعة

la zhu

مطبخ
chu fang

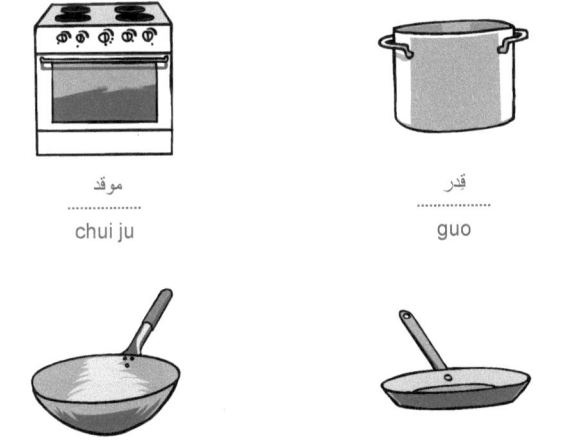

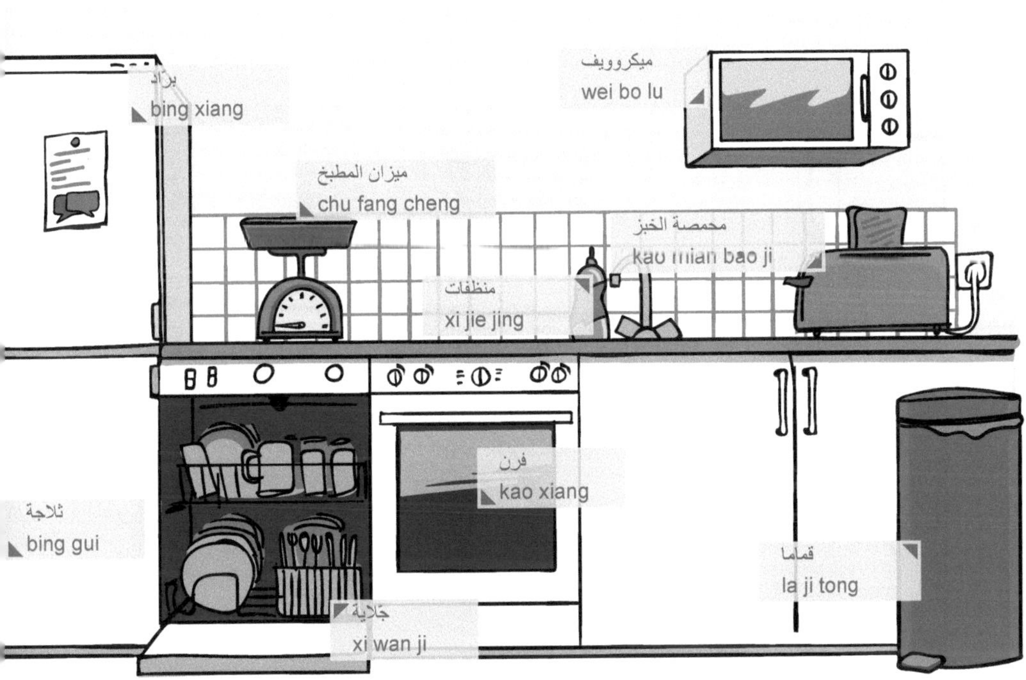

برّاد
bing xiang
ميكروويف
wei bo lu
ميزان المطبخ
chu fang cheng
محمصة الخبز
kao mian bao ji
منظفات
xi jie jing
فرن
kao xiang
ثلاجة
bing gui
قماما
la ji tong
جلاية
xi wan ji

موقد
....
chui ju

قِدر
....
guo

وعاء من الحديد
....
zhu tie guo

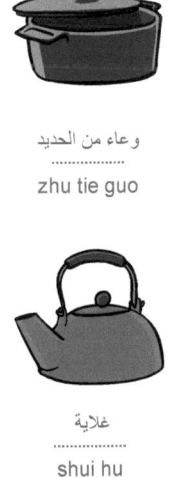

قدر صيني
....
sha guo

مقلاة
....
ping di guo

غلاية
....
shui hu

قدر البخار

zheng guo

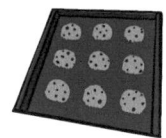

صينية

kao pan

أواني

tao ci guo

فنجان

ma ke bei

صحن

wan

عيدان الأكل

kuai zi

مغرفة

chang bing shao

ملعقة منبسطة

chan zi

خفاقة

jiao ban qi

مصفاة

lü wang

مصفاة

shai zi

مبشرة

mo sui ji

هاون

yan bo

شواء

shao kao

موقد

ming huo

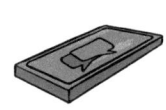

لوح التقطيع

cai ban

نشّابة

gan mian zhang

مفتاح الزجاجات

kai ping qi

علبة

guan zi

مفتاح العلب المعدنية

kai ping qi

قماش الفرن

ge re shou tao

مجلى

shui cao

فرشاة

shua zi

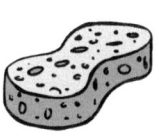

إسفنج

hai mian

خلاط

jiao ban ji

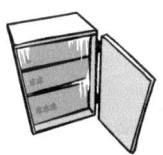

مجمّدة

leng cang xiang

زجاجة الطفل

nai ping

صنبور الماء

shui long tou

الحمّام

yu shi

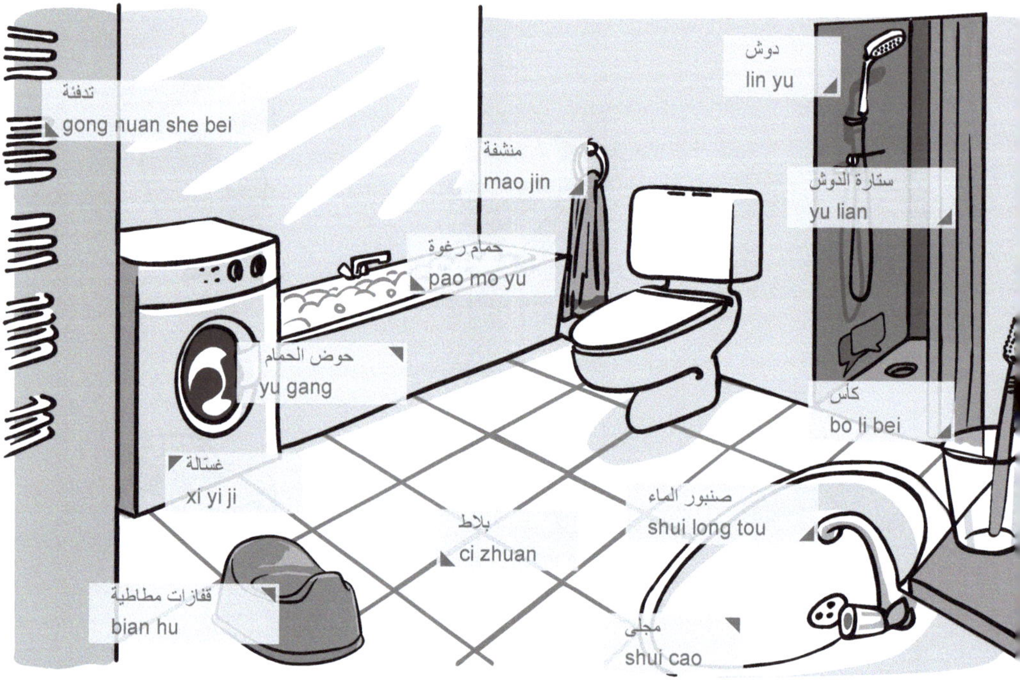

تدفئة
gong nuan she bei
دوش
lin yu
منشفة
mao jin
ستارة الدوش
yu lian
حمام رغوة
pao mo yu
حوض الحمام
yu gang
كأس
bo li bei
غسّالة
xi yi ji
صنبور الماء
shui long tou
بلاط
ci zhuan
قفازات مطاطية
bian hu
مجلى
shui cao

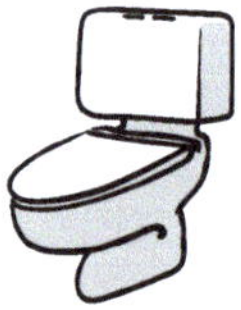

حمام

ce suo

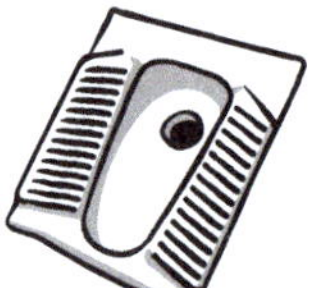

مرحاض القرفصاء

dun bian qi

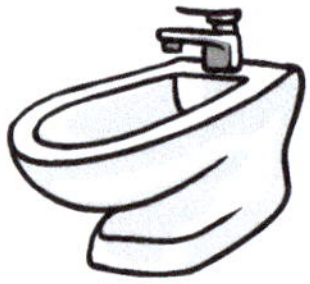

حوض التشطيف

zuo yu qi

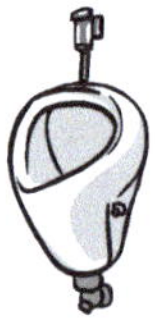

مبولة

xiao bian chi

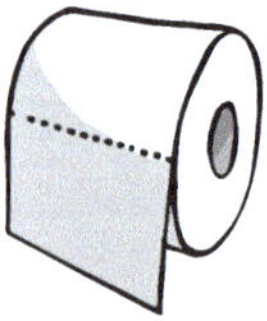

ورق المرحاض

ce zhi

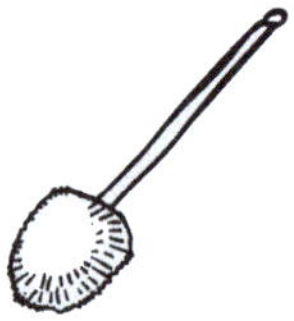

فرشاة الحمام

ma tong shua

فرشاة الأسنان

ya shua

معجون الأسنان

ya gao

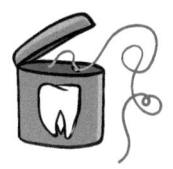

خيط حرير لتنظيف الأسنان

ya xian

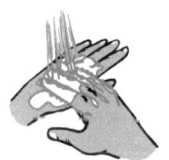

يغسل

xi

رشاش ماء يدوي

shou chi shi pen lin tou

شطاف

chong xi qi

حوض الغسيل

xi lian pen

فرشاة الظهر

ca bei shua

صابون

fei zao

جيل الدوش

mu yu lu

شامبو

xi fa shui

ممسحة

fa lan rong

مصرف للماء

pai shui

مرهم

ru shuang

مزيل الروائح

chu chou ji

مرآة

jing zi

مرآة يد

shou jing

موس حلاقة

ti xu dao

رغوة الحلاقة

ti xu pao mo

كولونيا

xu hou shui

مشط

shu zi

فرشاة

shua zi

سشوار

chui feng ji

مثبت للشعر

pen fa ding xing ji

ماكياج

hua zhuang pin

روج

chun gao

طلاء أظافر

zhi jia you

قطن

hua zhuang mian

مقص أظافر

zhi jia jian

عطر

xiang shui

سلة الغسيل

xi shu bao

مقعد صغير

deng zi

ميزان

ji zhong cheng

معطف الحمام

yu pao

قفازات مطاطية

xiang jiao shou tao

سدادة قطنية

wei sheng mian tiao

منشفة صحية

wei sheng jin

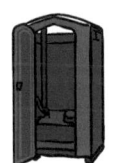

تواليت كيميائية

hua xue ce suo

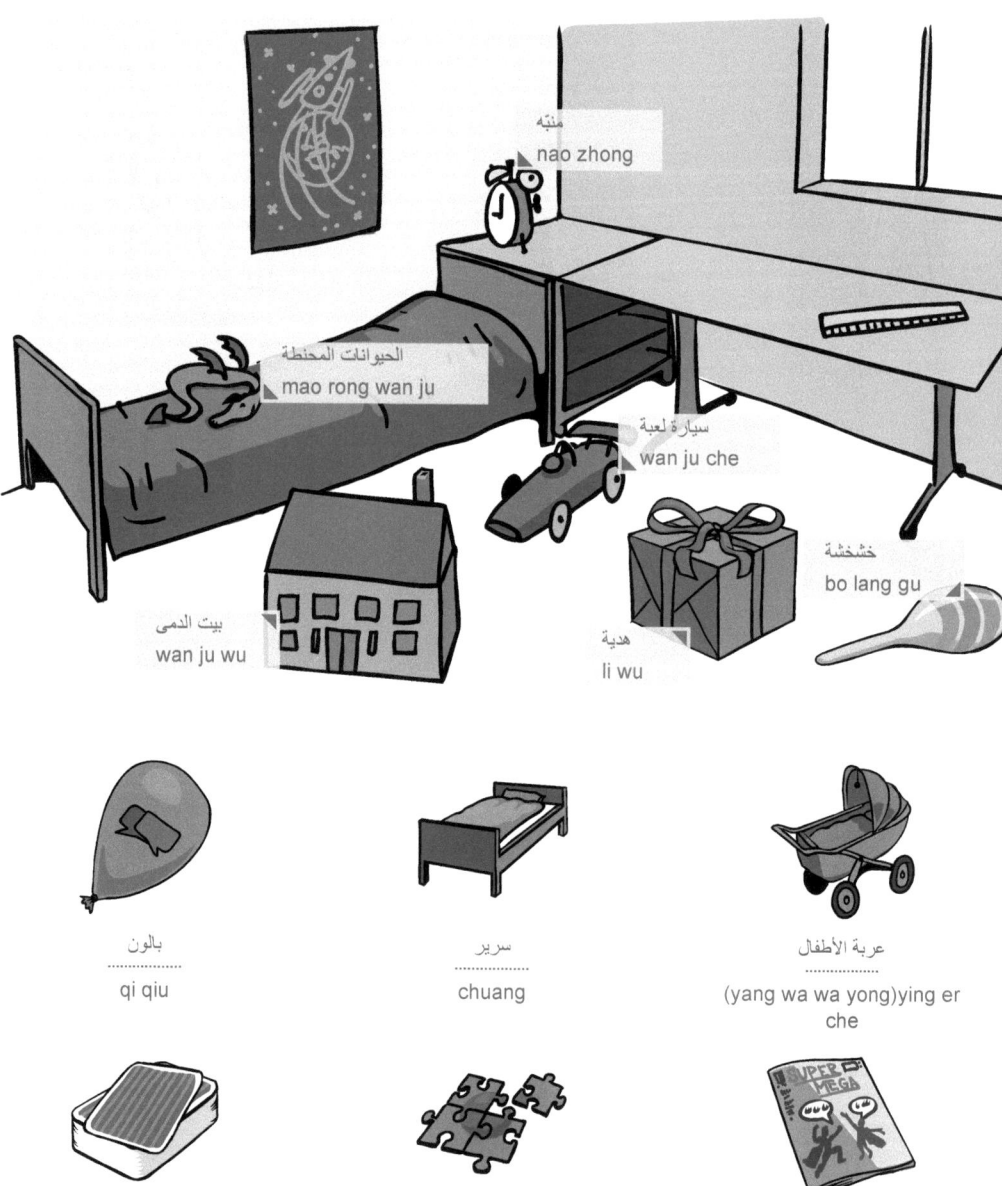

منبّه
nao zhong

الحيوانات المحنطة
mao rong wan ju

سيارة لعبة
wan ju che

خشخشة
bo lang gu

بيت الدمى
wan ju wu

هدية
li wu

بالون
....
qi qiu

سرير
....
chuang

عربة الأطفال
....
(yang wa wa yong)ying er che

لعبة الورق
....
pu ke pai

أحجية
....
pin tu

رسوم هزلية
....
man hua

أحجار الليغو
....
le gao ji mu

حجارة تركيب
....
ji mu wan ju

دمية بطل
....
wan ju ren

لباس الطفل
....
ying er fu

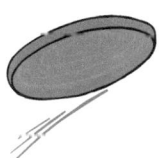

فريسبي
....
fei pan

دمية معلّقة
....
chuang ling wan ju

لعبة الطاولة
....
qi pan you xi

لعبة النرد
....
shai zi

لعبة قطار
....
huo che mo xing

مصّاصة
....
an fu nai zui

حفلة
....
ju hui

كتاب مصوّر
....
hui ben

كرة
....
qiu

دمية
....
yang wa wa

يلعب
....
wan

ملعب رملي للأطفال

sha keng

أرجوحة

qiu qian

لعبة

wan ju

ألعاب فيديو

you xi ji

دراجة ثلاثية

san lun che

دمية على شكل الدب

tai di xiong

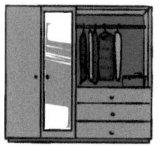

خزانة الثياب

yi chu

ثياب

yi fu

جوارب قصيرة

wa zi

جوارب طويلة

chang wa

جورب بنطلون

jin shen ku

شال
wei jin

شمسية
yu san

تي شيرت
T xu

حزام
pi dai

حذاء شتوي
xue zi

شبشب
tuo xie

أحذية رياضية
yun dong xie

صندل
....
liang xie

حذاء
....
xie

جزمة كاوتشوك
....
yu xue

سروال داخلي
....
nei ku

صدّارة
....
xiong zhao

قميص داخلي
....
bei xin

لباس ملاصق للجسم

shen ti

بنطلون

ku zi

جينز

niu zai ku

تنورة

duan qun

بلوزة

nü shi chen shan

قميص

chen shan

سترة قطنية

tao tou shan

كنزة كم طويل

wei yi

سترة فضفاضة

xi zhuang jia ke

سترة

jia ke

معطف

wai tao

معطف مطري

yu yi

زي - طقم نسائي

tao zhuang

ثوب

lian yi qun

ثوب الزفاف

hun sha

طقم

xi zhuang

قميص نوم

shui pao

بيجاما

shui yi

ساري

sha li

حجاب

tou jin

عمامة

bao tou jin

برقع

bo ka

قفطان

ka fu tan

عباءة

(a la bo shi)chang pao

مايوه

yong yi

سروال سباحة

nan shi yong ku

شرت

duan ku

بدلة رياضية

yun dong fu

منزر

wei qun

ققازات

shou tao

زر

niu kou

نظّارة

yan jing

إسوارة

shou lian

عقد

xiang lian

خاتم

jie zhi

قرط

er huan

طاقيّة

bian mao

علاقة ثياب

yi jia

قبّعة

mao zi

ربطة العنق

ling dai

سحّاب

la lian

خوذة

tou kui

حمّالة البنطلون

bei dai

اللباس المدرسي

xiao fu

زي موحّد

zhi fu

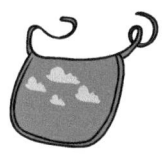

مريلة الأطفال

wei dou

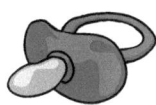

مصّاصة

an fu nai zui

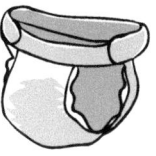

لفافة

niao bu shi

مكتب

ban gong shi

المخدّم
fu wu qi
خزانة الملفات
wen jian gui
طابعة
da yin ji
ورقة
zhi
شاشة
xian shi ping
فارة
shu biao
طاولة المكتب
ban gong zhuo
ملف
wen jian jia
لوحة المفاتيح
jian pan
قماما
fei zhi kuang
حاسوب
dian nao
كرسي
yi zi

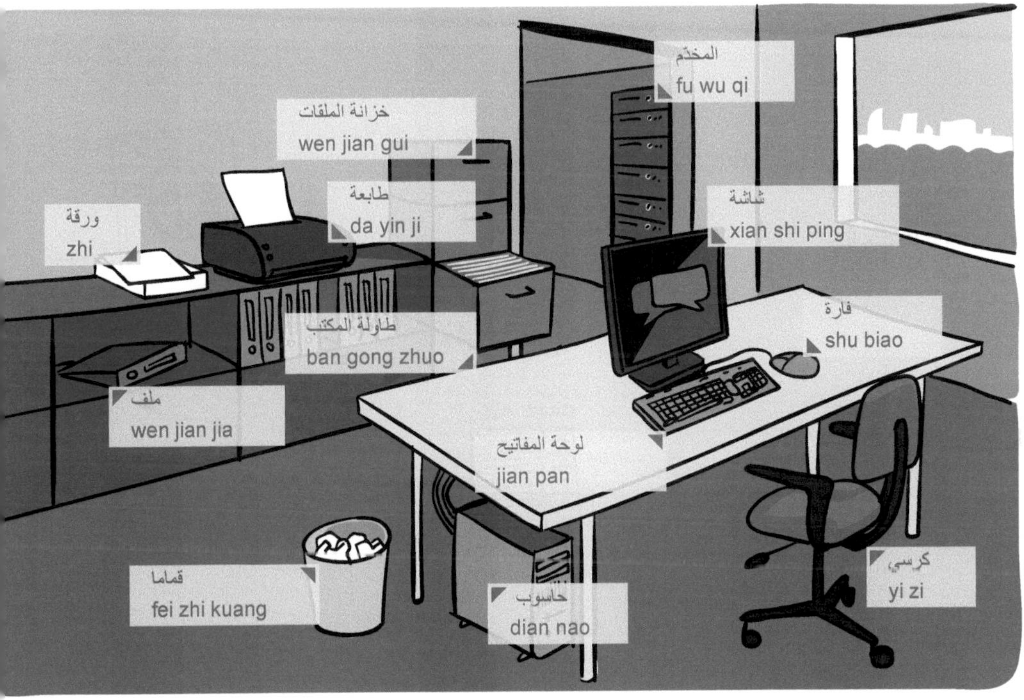

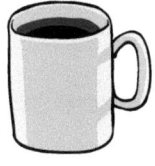

كأس من القهوة

ka fei bei

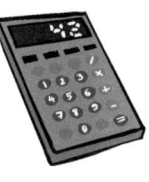

الآلة الحاسبة

ji suan qi

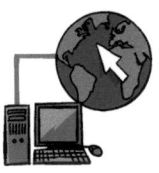

الإنترنت

yin te wang

الحاسوب المحمول

bi ji ben dian nao

رسالة

xin jian

خبر

xiao xi

الهاتف المحمول

shou ji

شبكة

wang luo

جهاز تصوير

fu yin ji

البرمجيات

ruan jian

هاتف

dian hua

مقبس كهربائي

cha zuo

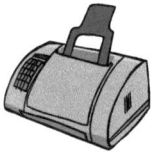

فاكس

chuan zhen ji

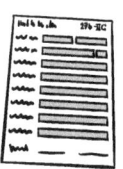

استمارة

biao ge

وثيقة

wen jian

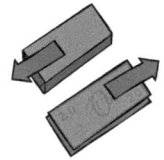

يشتري

mai

يدفع

fu qian

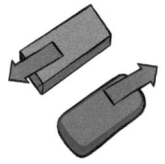

يتاجر

jiao yi

مال

xian jin

دولار

mei yuan

يورو

ou yuan

ين

ri yuan

روبل

lu bu

فرنك سويسري

rui shi fa lang

يوان

ren min bi

روبية

lu bi

صرّاف آلي

ti kuan chu

مكتب صرافة

wai bi dui huan chu

ذهب

jin

فضة

yin

نفط

shi you

طاقة

neng yuan

سعر

jia ge

عقد

he tong

ضريبة

shui jin

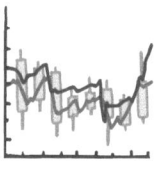

سهم

gu piao

يعمل

gong zuo

موظف

zhi yuan

رب العمل

lao ban

مصنع

gong chang

متجر

shang dian

الشرطي
jing guan ▸

رجل إطفاء
xiao fang yuan ▸

طبّاخ
chu shi ▸

الطبيب ▸
yi sheng

▸ طيّار
fei xing yuan

بستاني
......
yuan ding

نجّار
......
mu jiang

خيّاطة
......
cai feng

قاضٍ
......
fa guan

كيميائي
......
hua xue jia

ممثل
......
yan yuan

سائق حافلة

gong jiao che si ji

سائق تاكسي

chu zu che si ji

صياد سمك

yu fu

أجيرة للتنظيف

qing jie nü gong

بنّاء سقف

wu ding gong

نادل

fu wu yuan

صيّاد

lie ren

رسّام

hua jia

خبّاز

mian bao shi

كهربائي

dian gong

عامل بناء

jian zhu gong ren

مهندس

gong cheng shi

لحّام

tu fu

سمكري

shui guan gong

ساعي البريد

you di yuan

جندي

shi bing

مهندس معماري

jian zhu shi

أمين صندوق

shou yin yuan

بائع الزهور

hua nong

حلاق

li fa shi

مراقب القطار

shou piao yuan

ميكانيكي

ji xie shi

قبطان

chuan zhang

طبيب أسنان

ya yi

رجل العلم

ke xue jia

حاخام

la bi

إمام

yi ma mu

راهب

he shang

كاهن

mu shi

عدة عمل

gong ju

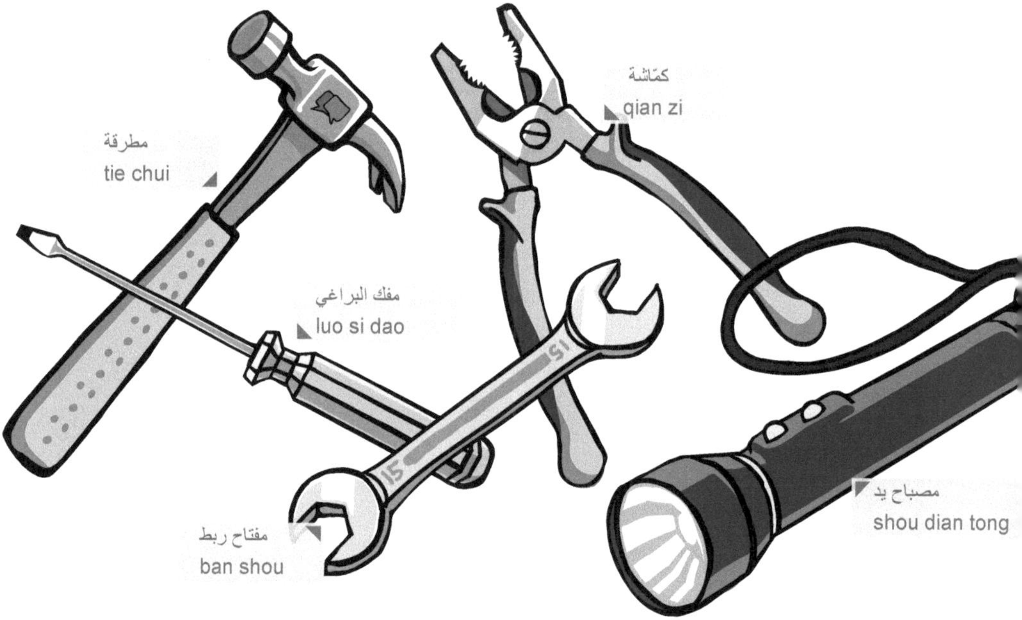

كمّاشة
qian zi
مطرقة
tie chui
مفك البراغي
luo si dao
مصباح يد
shou dian tong
مفتاح ربط
ban shou

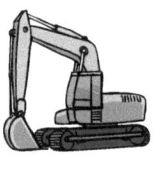

جرافة

wa jue ji

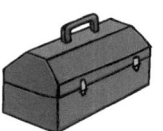

صندوق العدة

gong ju xiang

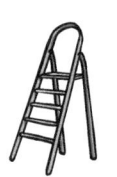

سلّم

ti zi

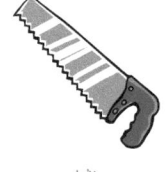

منشار

ju zi

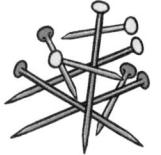

مسامير

ding zi

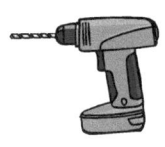

مثقب

zuan ji

يصلح

xiu

مجرفة

chan zi

اللعنة

kao!

لقاطة الكناسة

bo ji

سطل الألوان

you qi tong

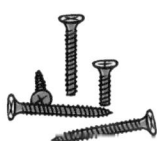

براغي

luo si

آلات موسيقية

yue qi

آلات الإيقاع
da ji yue qi

مكبر الصوت
yang sheng qi

غيتار
ji ta

كمان أجهر
di yin ti qin

بوق
xiao hao

بيانو

gang qin

كمنجة

xiao ti qin

جهير

bei si

طبل كبير

ding yin gu

طبل

gu

بيانو كهرباني

dian zi qin

ساكسوفون

sa ke si guan

ناي

chang di

ميكروفون

mai ke feng

حديقة حيوانات

dong wu yuan

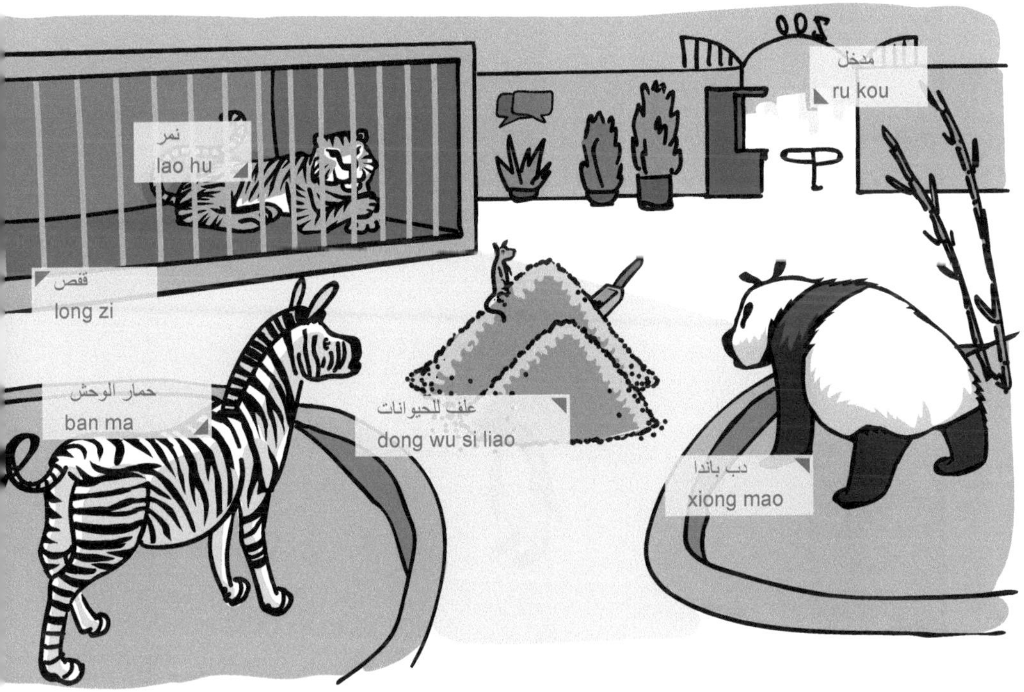

مدخل
ru kou
نمر
lao hu
قفص
long zi
حمار الوحش
ban ma
علف للحيوانات
dong wu si liao
دب باندا
xiong mao

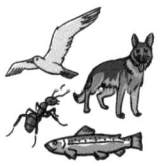

حيوانات

dong wu

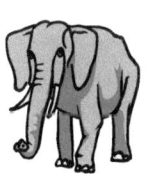

فيل

da xiang

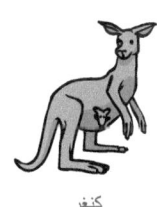

كنغر

dai shu

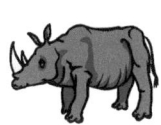

وحيد القرن

xi niu

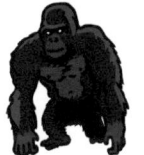

غوريلا

da xing xing

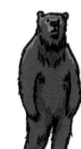

دب

xiong

جمل

luo tuo

نعامة

tuo niao

أسد

shi zi

قرد

hou zi

طائر فلامينغو

huo lie niao

ببغاء

ying wu

دب قطبي

bei ji xiong

بطريق

qi e

سمك القرش

sha yu

طاووس

kong que

أفعى

she

تمساح

e yu

حارس في حديقة الحيوان

dong wu yuan guan li yuan

عجل البحر

hai bao

نمر أمريكي مرقط

mei zhou bao

فرس قزم

ai zhong ma

نمر

bao

فرس النهر

he ma

زرافة

chang jing lu

نسر

lao ying

خنزير برّي

ye zhu

سمك

yu

سلحفاة

gui

حيوان فظ البحري

hai xiang

ثعلب

hu li

غزال

ling yang

كرة القدم الأمريكية
gan lan qiu

ركوب الدراجات
qi zi xing che

كرة التنس
wang qiu

كرة السلة
lan qiu

السباحة
you yong

الملاكمة
quan ji

هوكي الجليد
bing qiu

كرة القدم
....
ying shi zu qiu

الريشة الطائرة
....
yu mao qiu

ألعاب القوى الخفيفة
....
tian jing

كرة اليد
....
shou qiu

التزلج على الثلج
....
hua xue

بولو
....
ma qiu

نشاطات

huo dong

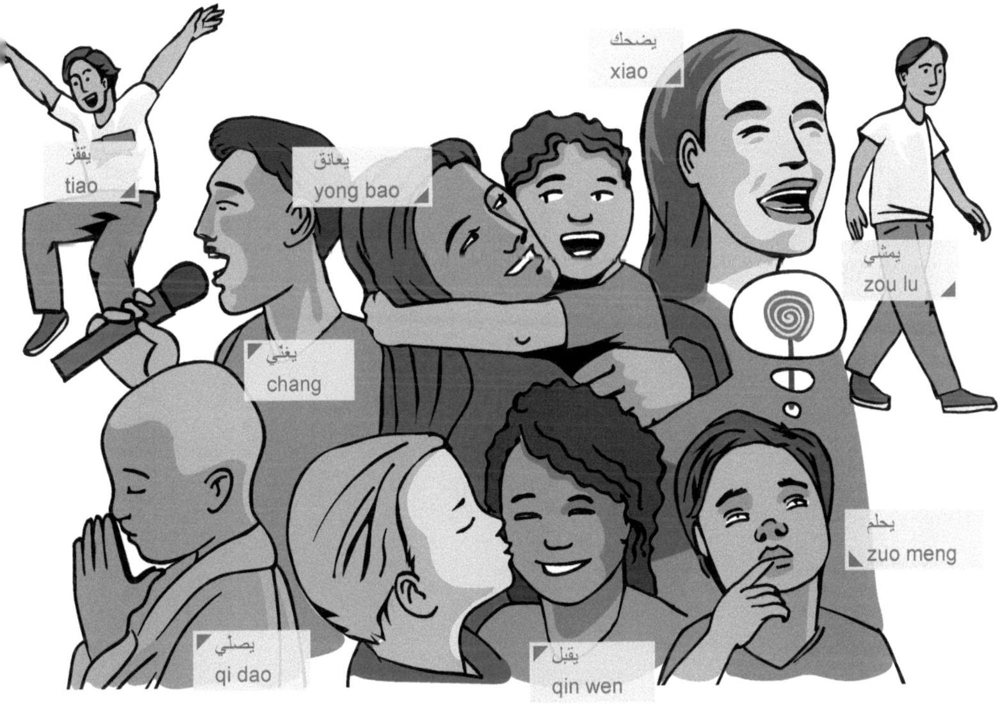

يقفز
tiao
يعانق
yong bao
يضحك
xiao
يمشي
zou lu
يغني
chang
يحلم
zuo meng
يصلي
qi dao
يقبل
qin wen

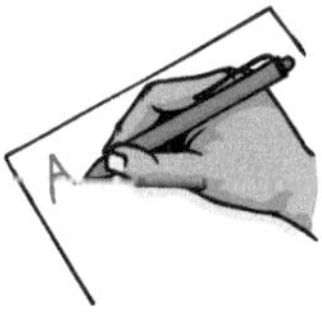

يكتب

shu xie

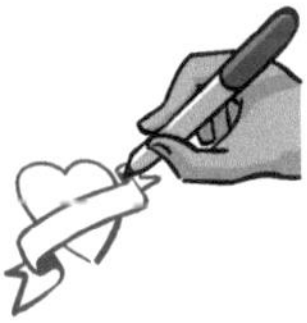

يرسم

hua

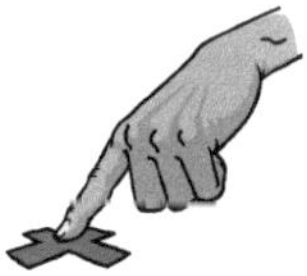

يُري

zhan shi

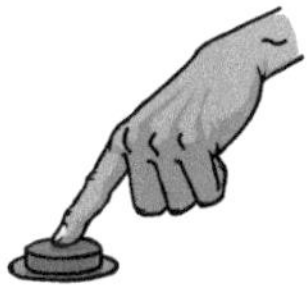

يدفع

tui

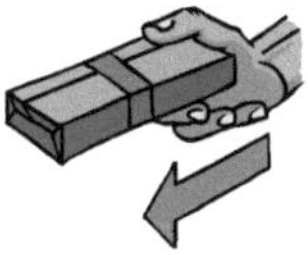

يعطي

gei

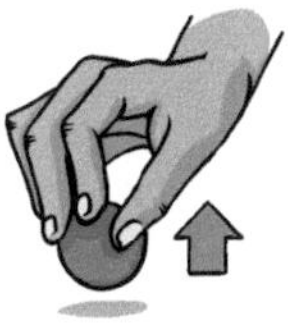

يأخذ

na

يملك

you

يعمل

zuo

يوجد

dang

يقِف

zhan

يركض

pao

يسحب

la

يرمي

reng

يقع

shuai dao

يستلْقي

tang

ينتظر

deng dai

يحمل

xie dai

يجلس

zuo

يلبس

chuan yi

ينام

shui jiao

يستيقظ

xing lai

ينظر إلى ..

kan

يبكي

ku

يمسّد

fu mo

يمشّط

shu tou

يتكلّم

jiao tan

يفهم

ming bai

يسأل

wen

يسمع

ting

يشرب

he

يأكل

chi

يرتّب

qing li

يحب

ai

يطبخ

zuo fan

يقود

kai che

يطير

fei

يبحر بزورق شراعي

hang xing

يحسب

ji suan

يقرأ

du

يتعلم

xue xi

يعمل

gong zuo

يتزوج

jie hun

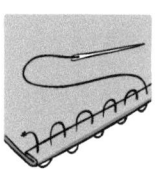

يخيط

feng

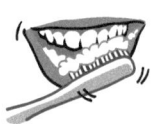

ينظف أسنانه

shua ya

يقتل

sha

يدخّن

chou yan

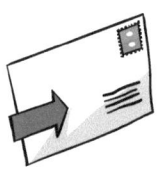

يرسل

ji

جدّة
zu mu

جدّ
zu fu

أب
fu qin

أم
mu qin

الطفل
ying tong

ابنة
nü er

ابن
er zi

ضيف
ke ren

عمّة / خالة
a yi

عمّ / خال
shu shu

أخ
xiong di

أخت
jie mei

الجسم

shen ti

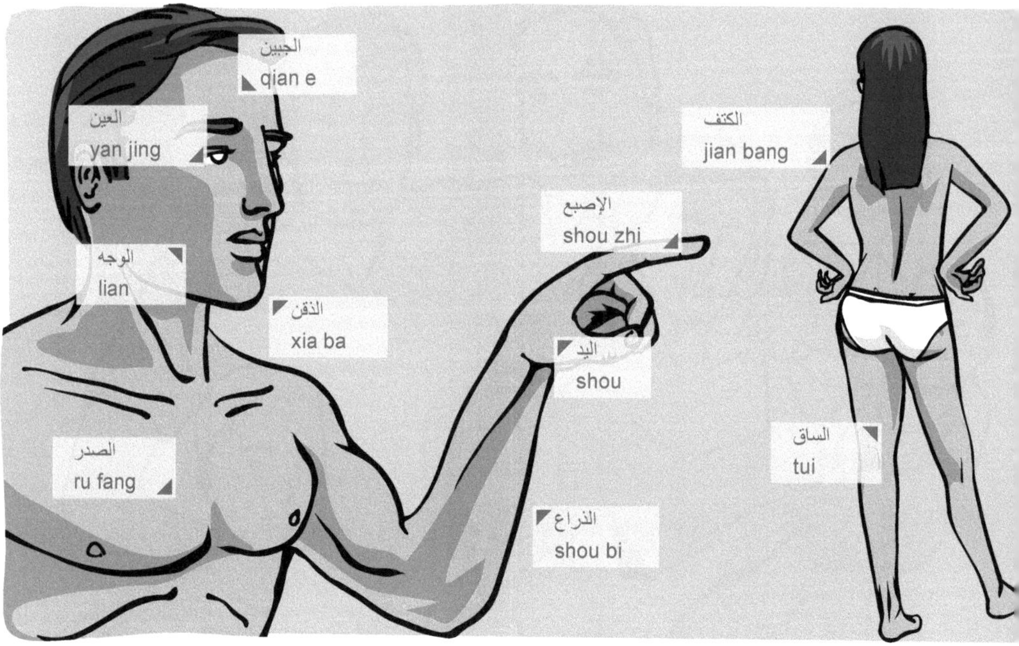

الجبين
qian e
العين
yan jing
الكتف
jian bang
الإصبع
shou zhi
الوجه
lian
الذقن
xia ba
اليد
shou
الساق
tui
الصدر
ru fang
الذراع
shou bi

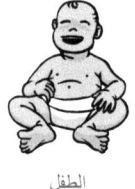

الطفل

ying tong

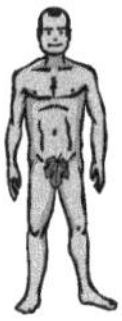

الرجل

nan ren

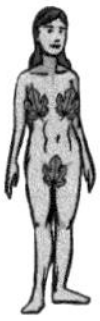

المرأة

nü ren

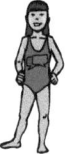

البنت

nü hai

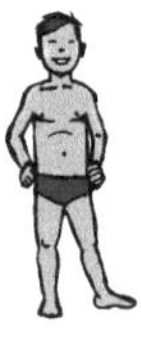

الولد

nan hai

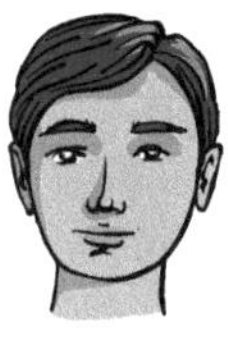

الرأس

tou

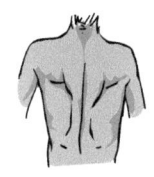

الظهر

bei bu

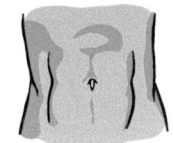

البطن

du zi

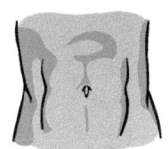

السرّة

du qi

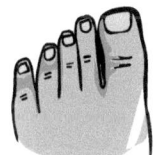

إصبع القدم

jiao zhi

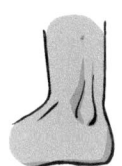

الكعب

jiao hou gen

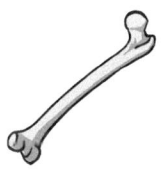

العظم

gu tou

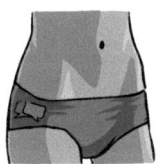

الورك

tun bu

الركبة

xi gai

المرفق

shou zhou

الأنف

bi zi

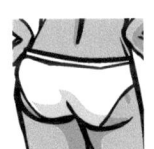

العَجُز

pi gu

البشرة

pi fu

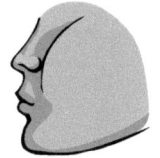

الخدّ

lian jia

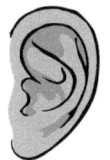

الأذن

er duo

الشفة

zui chun

الفم

zui

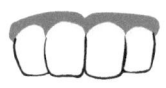

السن

ya chi

اللسان

she tou

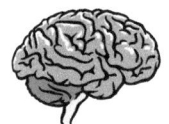

الدماغ

nao

القلب

xin zang

العضلة

ji rou

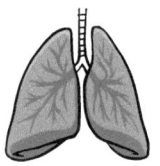

الرئة

fei

الكبد

gan zang

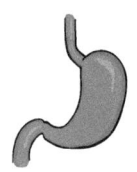

المعدة

wei

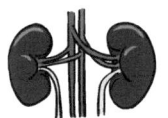

الكلى

shen zang

الاتصال الجنسي

xing jiao

الواقي المطاطي

bi yun tao

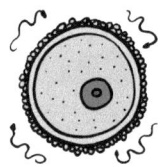

البويضة

luan zi

المنيّ

jing zi

الحمل

huai yun

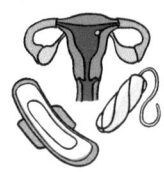

الحيض

yue jing

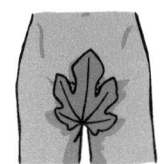

المهبل

yin dao

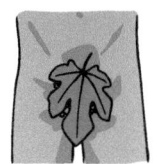

القضيب

yin jing

الحاجب

mei mao

الشعر

tou fa

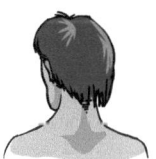

الرقبة

bo zi

المستشفى

yi yuan

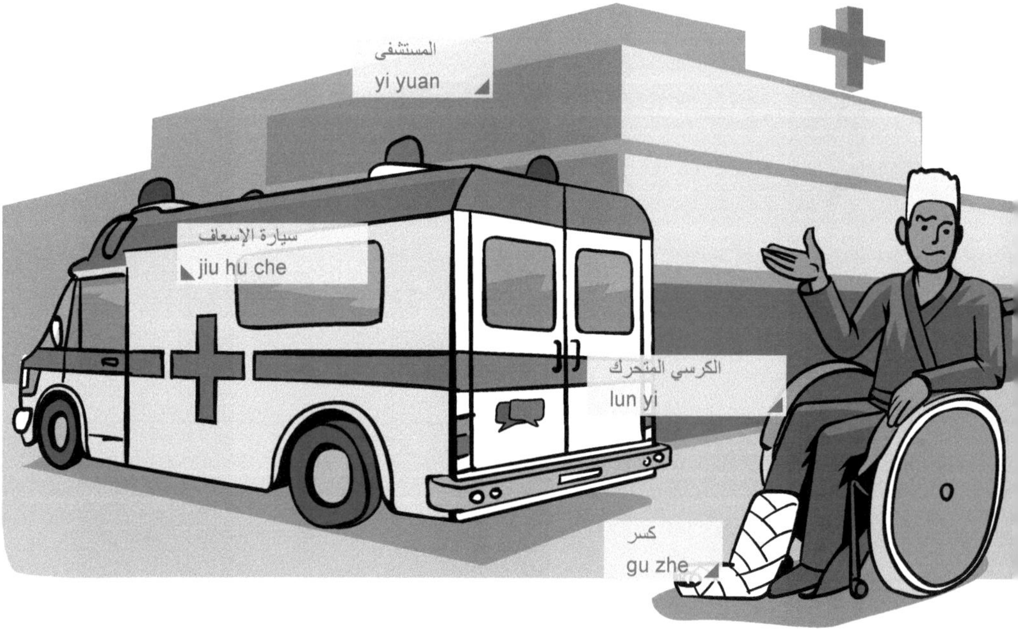

المستشفى
yi yuan
سيارة الإسعاف
jiu hu che
الكرسي المتحرك
lun yi
كسر
gu zhe

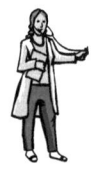

الطبيب

yi sheng

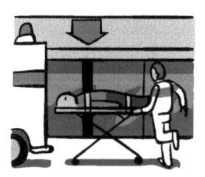

غرفة الإسعاف

ji zhen shi

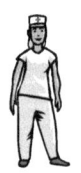

الممرضة

hu shi

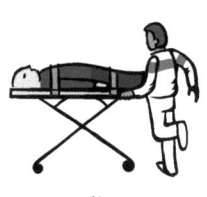

حالة

jin ji qing kuang

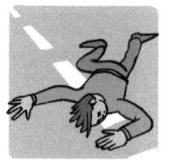

مغمى عليه

hun mi

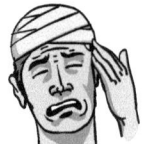

الألم

tong

إصابة

shou shang

النزيف

chu xue

احتشاء القلب

xin zang bing fa zuo

جلطة

zhong feng

حسسية

guo min

السعال

ke sou

الحُمّى

fa shao

إنفلونزا

liu gan

الإسهال

fu xie

وجع الرأس

tou tong

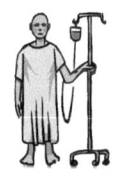

السرطان

ai zheng

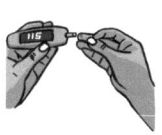

مرض السكر

tang niao bing

جرّاح

wai ke yi sheng

مبضع

shou shu dao

عملية

shou shu

سيتي سكان

CT

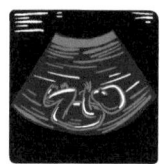

الأشعة السينية

X guang

فوق الصوتي

chao sheng bo

القناع

kou zhao

المرض

ji bing

غرفة الانتظار

hou zhen shi

العُكّاز

guai zhang

شريط لاصق

shi gao

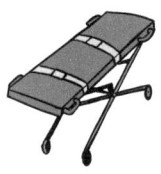

ضماد

beng dai

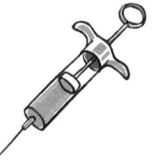

حقنة

zhu she

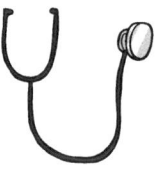

سمّاعة الطبيب

ting zhen qi

نقالة

dan jia

ميزان حرارة

ti wen ji

ولادة

chu sheng

وزن زائد

chao zhong

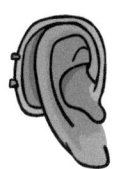

جهاز السمع

zhu ting qi

المواد المعقمة

xiao du ye

عدوى

gan ran

فيروس

bing du

الإيدز

ai zi bing

الطب

yao wu

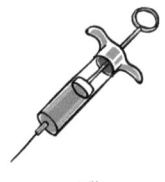

اللقاح

jie zhong yi miao

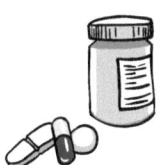

أقراص الدواء

yao pian

حبّة الدواء

yao wan

نداء النجدة

ji jiu dian hua

مقياس ضغط الدم

xue ya ji

مريض / صحيح

sheng bing/jian kang

النجدة!

jiu ming!

إنذار

jing bao

اعتداء

tu ji

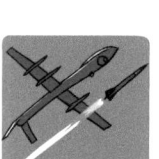

هجوم

gong ji

خطر

wei xian

مخرج طوارئ

jin ji chu kou

حريق!

zhao huo la!

جهاز الإطفاء

mie huo qi

حادث

yi wai

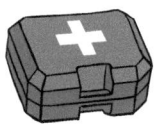

حقيبة الإسعاف الأولي

ji jiu xiang

أنقذونا

hu jiu xin hao

الشرطة

jing cha

أوروبا

ou zhou

أمريكا الشمالية

bei mei zhou

أمريكا الجنوبية

nan mei zhou

أفريقيا

fei zhou

آسيا

ya zhou

أستراليا

ao zhou

المحيط الأطلسي

da xi yang

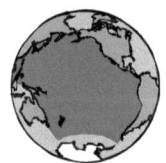

المحيط الهادي

tai ping yang

المحيط الهندي

yin du yang

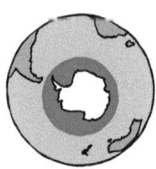

المحيط المتجمد الجنوبي

nan bing yang

المحيط المتجمد الشمالي

bei bing yang

القطب الشمالي

bei ji

القطب الجنوبي

nan ji

منطقة القطب الجنوبي

nan ji zhou

أرض

di qiu

بر

lu di

بحر

hai

جزيرة

dao

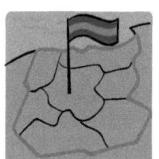

أمة

guo jia

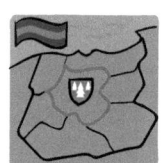

دولة

guo jia

ميناء الساعة

zhong mian

عقرب الساعات

shi zhen

عقرب الدقائق

fen zhen

عقرب الثواني

miao zhen

كم الساعة الآن؟

xian zai ji dian?

يوم

tian

زمن

shi jian

الآن

xian zai

ساعة رقمية

dian zi biao

دقيقة

fen

ساعة

shi

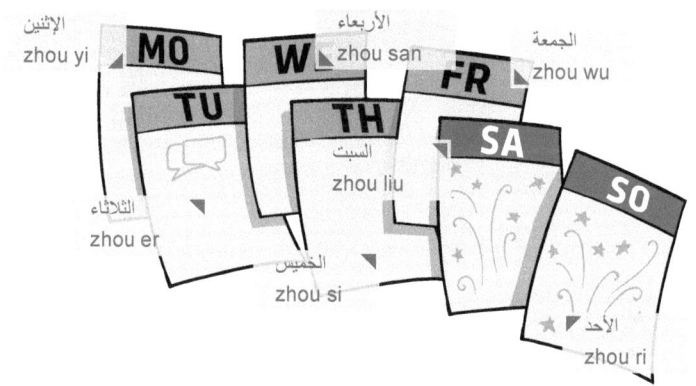

الإثنين
zhou yi

الأربعاء
zhou san

الجمعة
zhou wu

الثلاثاء
zhou er

الخميس
zhou si

السبت
zhou liu

الأحد
zhou ri

الأمس
zuo tian

اليوم
jin tian

غداً
ming tian

الصباح
zao chen

الظهر
zhong wu

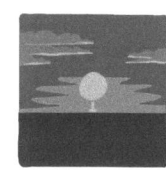

المساء
wan shang

أيام العمل
gong zuo ri

نهاية الأسبوع
zhou mo

سنة
nian

مطر
yu
قوس قزح
cai hong
ريح
feng
ثلج
xue
الربيع
chun
الصيف
xia
الخريف
qiu
الشتاء
dong

4.APRIL 11°
5.APRIL 4°
6.APRIL 13°
7.APRIL 8°
8.APRIL 10°

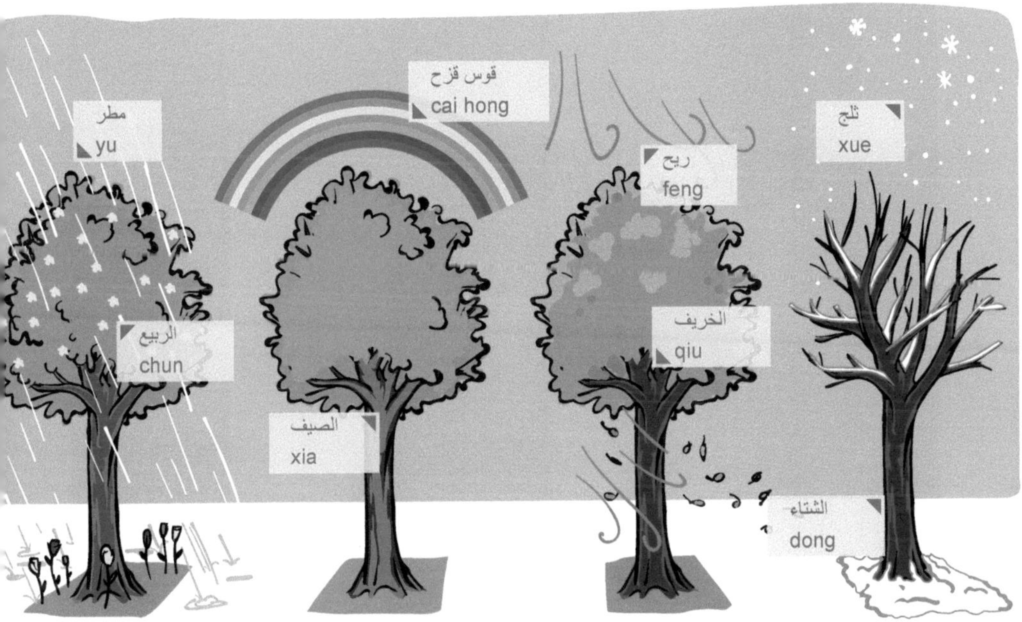

التنبؤ بالحالة الجوية

tian qi yu bao

F C
120 40
90 30
60 20
30 10
0 0
-30 -10
-20

مقياس حرارة

wen du ji

ضوء الشمس

yang guang

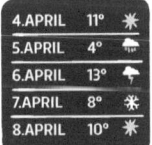

سحابة

yun

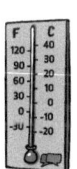

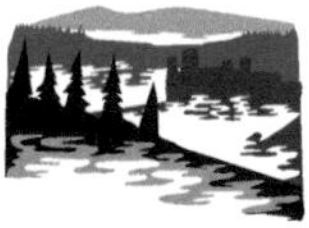

ضباب

wu

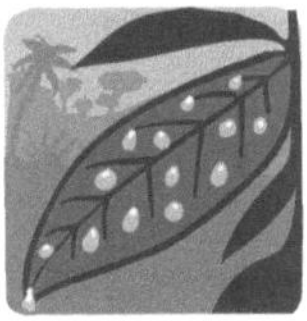

رطوبة الجو

chao shi

برق

shan dian

رعد

da lei

عاصفة

feng bao

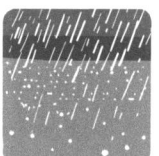

بَرَد

bing bao

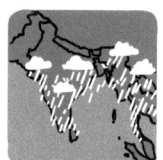

ريح موسمية

ji feng

طوفان

hong shui

جليد

bing

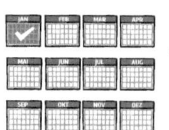

كانون الثاني / يناير

yi yue

شباط / فبراير

er yue

آذار / مارس

san yue

نيسان / أبريل

si yue

أيار / مايو

wu yue

حزيران / يونيو

liu yue

تموز / يوليو

qi yue

آب / أغسطس

ba yue

سنة - nian

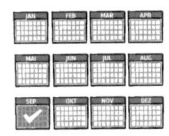

أيلول / سبتمبر
....
jiu yue

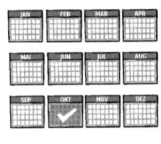

تشرين الأول / أكتوبر
....
shi yue

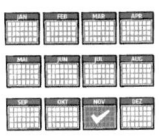

تشرين الثاني / نوفمبر
....
shi yi yue

كانون الأول / ديسمبر
....
shi er yue

دائرة
....
yuan xing

مربّع
....
zheng fang xing

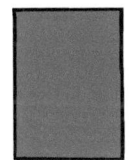

مستطيل
....
chang fang xing

مثلّث
....
san jiao xing

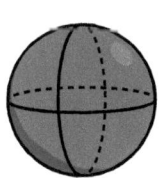

كرة
....
qiu ti

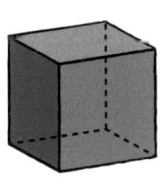

مكعب
....
li fang ti

أبيض

bai

أصفر

huang

برتقالي

cheng

وردي

fen

أحمر

hong

بنفسجي

zi

أزرق

lan

أخضر

lü

بنّي

zong

رمادي

hui

أسود

hei

كثير / قليل

hen duo/shao xu

غضبان / هادئ

sheng qi/ping jing

جميل / قبيح

mei/chou

بداية / نهاية

shou/wei

كبير / صغير

da/xiao

فاتح / قاتم

ming/an

أخ / أخت

xiong di/jie mei

نظيف / وسخ

gan jing/ang zang

كامل / ناقص

wan zheng/que shi

نهار / ليل

bai tian/wan shang

ميت / حيّ

si/sheng

عريض / ضيّق

kuan/zhai

صالح للأكل / غير صالح

ke shi yong/fei shi yong

شرّير / لطيف

xie e/shan liang

مثير / ممل

xing fen/wu liao

سمين / نحيف

pang/shou

أولا / أخيرًا

di yi/zui hou

صديق / عدو

peng you/di ren

مليء / فارغ

man/kong

صلب / لين

ying/ruan

ثقيل / خفيف

zhong/qing

جوع / عطش

e/ke

مريض / صحيح

sheng bing/jian kang

غير شرعي / شرعي

fei fa/he fa

ذكي / غبي

cong ming/yu ben

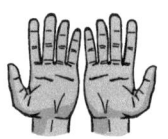

يسار / يمين

zuo/you

قريب / بعيد

jin/yuan

الأضداد - fan yi ci

جديد / مستعمل

xin/jiu

لا شيء / بعض الشيء

mei you/you xie

مسن / شاب

lao/you

يشعل / يطفئ

kai/guan

مفتوح / مغلق

da kai/he shang

خافت / عالٍ

an jing/chao nao

غني / فقير

fu/qiong

صح / خطأ

dui/cuo

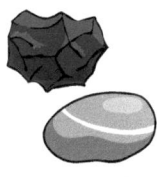

أحرش / أملس

cu cao/guang hua

حزين / سعيد

shang xin/gao xing

قصير / طويل

duan/chang

بطيء / سريع

man/kuai

مبلول / جاف

shi/gan

ساخن / بارد

wen nuan/liang shuang

حرب / سلم

zhan zheng/he ping

0	**1**	**2**
صفر	واحد	اثنان
ling	yi	er

3	**4**	**5**
ثلاثة	أربعة	خمسة
san	si	wu

6	**7**	**8**
ستة	سبعة	ثمانية
liu	qi	ba

9	**10**	**11**
تسعة	عشرة	أحد عشر
jiu	shi	shi yi

12

اثنا عشر

shi er

13

ثلاثة عشر

shi san

14

أربعة عشر

shi si

15

خمسة عشر

shi wu

16

ستة عشر

shi liu

17

سبعة عشر

shi qi

18

ثمانية عشر

shi ba

19

تسعة عشر

shi jiu

20

عشرون

er shi

100

مائة

bai

1.000

ألف

qian

1.000.000

مليون

bai wan

الإنكليزية

ying yu

الإنكليزية الأمريكية

mei shi ying yu

لغة ماندارين الصينية

pu tong hua

الهندية

yin di yu

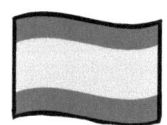

الإسبانية

xi ban ya yu

الفرنسية

fa yu

العربية

a la bo yu

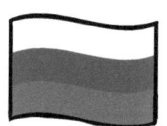

الروسية

e yu

البرتغالية

pu tao ya yu

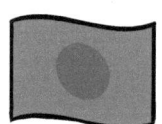

البنغالية

feng jia la yu

الألمانية

de yu

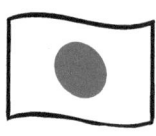

اليابانية

ri yu

أنا
....
wo

أنت
....
ni

هو / هي
....
ta/ta/ta

نحن
....
wo men

أنتم
....
ni men

هم
....
ta men

من؟
....
shei?

ماذا؟
....
shen me?

كيف؟
....
zen yang?

أين؟
....
na li?

متى؟
....
shen me shi hou?

اسم
....
ming zi

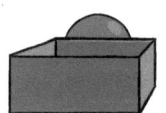

خلف

hou mian

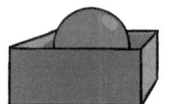

في

li mian

أمام

qian mian

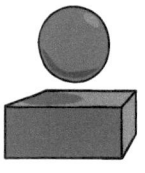

فوق

shang fang

على

shang mian

تحت

xia mian

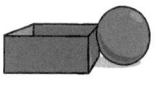

جنب

pang bian

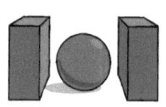

بين

zhong jian

مكان

di dian